LES

RÉPUBLICAINS DE MÉTIER

ET LE

SUFFRAGE UNIVERSEL

(Les républicains de métier
sont les pires ennemis du
Suffrage universel.)

PAR

Le Lieutenant-Colonel VILLOT

RETRAITÉ

POITIERS

IMPRIMERIE BLAIS, ROY ET Cie

7, RUE VICTOR-HUGO, 7

1889

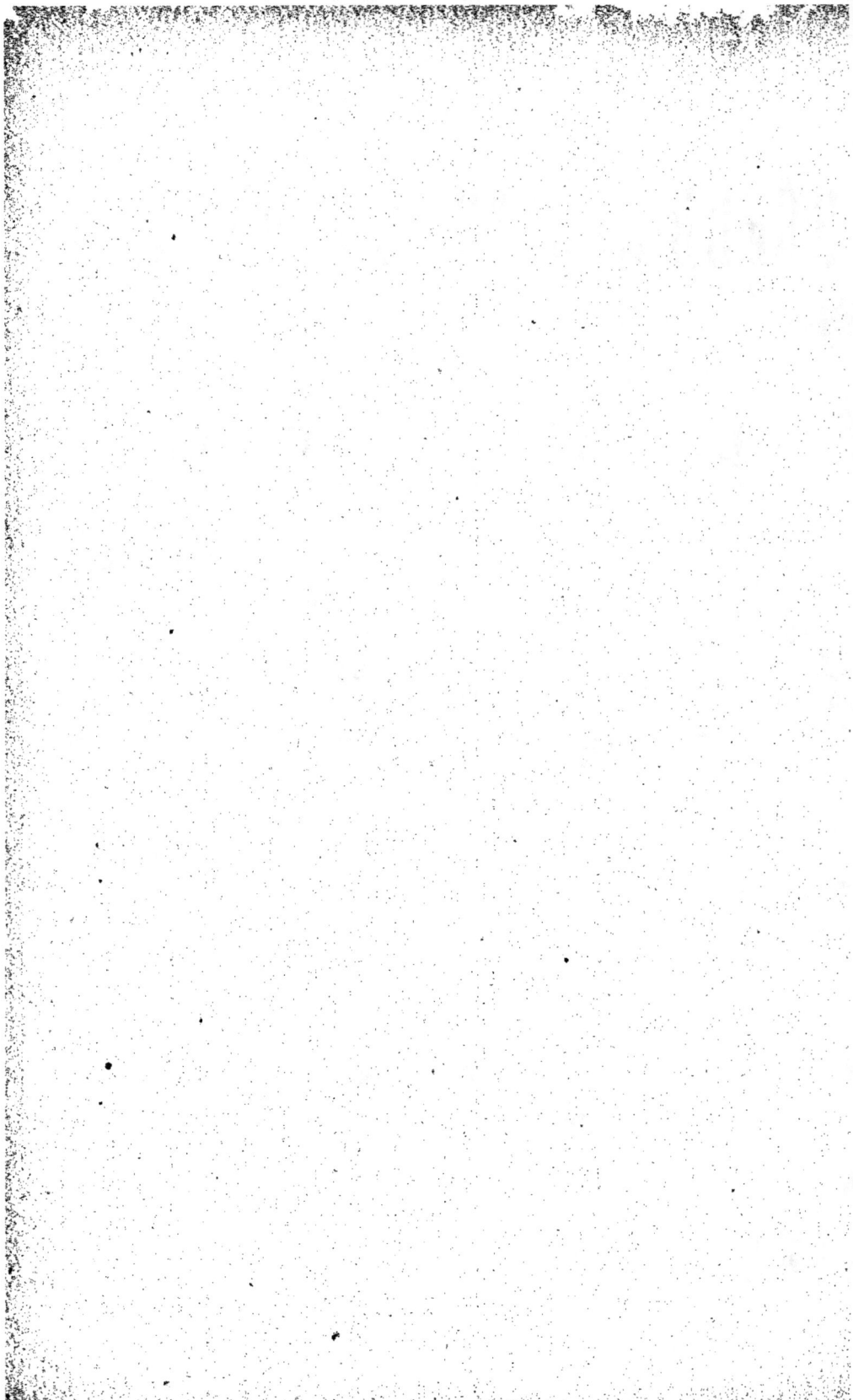

LES
RÉPUBLICAINS DE MÉTIER

ET LE

SUFFRAGE UNIVERSEL

(Les républicains de métier
sont les pires ennemis du
Suffrage universel.)

PAR

Le Lieutenant-Colonel VILLOT

RETRAITÉ

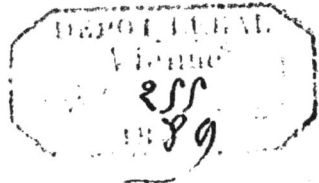

❦

POITIERS
IMPRIMERIE BLAIS, ROY ET Cⁱᵉ
7, RUE VICTOR-HUGO, 7

1889

LES
RÉPUBLICAINS DE MÉTIER

ET LE

SUFFRAGE UNIVERSEL

Les Républicains de métier sont les pires ennemis du Suffrage universel.

Par Républicains, nous désignons ces hommes qui font de la politique un métier et qui, depuis 80 ans, n'ont cessé de troubler la marche de l'État. Ils ont été l'âme de toutes les agitations, de tous les complots, de toutes les émeutes, et le noyau de toutes ces coalitions éhontées où s'effondrent les caractères et les convictions.

Quant à cette masse considérable de citoyens honnêtes qui, depuis 1870, sous l'empire de douloureuses épreuves, s'est ralliée à la forme Républicaine, nous la respectons profondément.

Elle n'est que passive, et nos efforts doivent

tendre à l'arracher à la République qu'elle a pu croire, au milieu du désordre des choses, le seul gouvernement possible, ou du moins le seul abri provisoire sous l'égide duquel il lui fût permis de se retirer et de se recueillir.

Cette France travailleuse, économe, amie de la liberté pour tous, attachée aux conquêtes de 1889, éprise surtout d'égalité, et dont l'état d'esprit pourrait se formuler ainsi :

« Ni Jésuite, ni Franc-maçon, »

se détourne avec dégoût, sinon de la République, du moins des hommes et de la secte qui la gouvernent.

Ces Rabagas, que le succès n'a pas même décrassés, pour lesquels la vie publique est une spéculation et la Patrie une proie, sont aujourd'hui démasqués.

La France, déçue dans ses espérances, revient aux saines traditions de la démocratie, cherchant un gouvernement qui lui procure à la fois l'ordre dans le présent et le mouvement vers l'avenir.

Le moment est solennel.

Une Chambre qui finit dans l'opprobre vient de porter une main sacrilège sur le Suffrage universel.

L'opportunisme a déclaré superbement qu'il

défendait à la nation française de plébisciter la République nationale.

Le Pays, qui semblait vouloir constituer, selon le mot de Boulanger,

« La France forte dans une République conso-
« lidée et régénérée, »
a vu se dresser devant lui la tourbe des politiciens qui, venus à la politique dans le plus affligeant dénuement, sont riches aujourd'hui. Ils lui ont signifié qu'il ne plébisciterait pas Boulanger, car « *Tel n'était pas leur bon plaisir !* »

Cette atteinte au Suffrage universel est la plus grave faute que ces politiciens téméraires pouvaient commettre.

Le plébiscite sur le nom d'un homme pouvait avoir des inconvénients; le plébiscite sur les principes sera plus net et plus puissant, car il permettra aux diverses nuances de l'opposition nationale de se condenser en une majorité foudroyante.

La victoire n'est pas douteuse, mais l'occasion est favorable pour démontrer à la France que le Suffrage universel, pierre angulaire de toutes nos libertés, n'a pas de plus déterminés ennemis que les Républicains sectaires.

Nous la saisissons avec empressement.

Le Suffrage universel. — Ce qu'il est, ce qu'il sera.

A l'encontre des politiciens athées nous pensons que la liberté et l'égalité pour tous ont été introduites dans le Droit Public par le Christianisme, et que lui seul peut tirer toutes les conséquences de ces grands principes qu'il a révélés au monde, parce qu'il tend sans cesse à l'amélioration des individus.

A l'encontre des politiciens d'un autre ordre, nous pensons que la Révolution de 1789 est la conséquence directe du Christianisme, et qu'elle a eu raison de jeter à terre l'ancienne législation conçue dans le but de conserver et d'augmenter la richesse territoriale de la noblesse et du clergé, qu'elle a bien fait de supprimer l'inaliénabilité des biens de mainmorte, l'inégalité dans les partages, les substitutions, les privilèges d'ordre, etc., etc. Nous pensons enfin qu'elle a eu raison de réaliser la révolution politique et sociale d'où sont sorties les sociétés modernes, et de placer sous la sauvegarde de la Souveraineté du Peuple les constitutions écrites, substituées aux constitutions du bon plaisir.

Donc, si d'une part nous déclarons qu'à nos yeux tous les manuels de morale, tous les articles de loi, que l'athéïsme veut substituer à l'Évangile, ne feront pas naître une seule vertu, ne déracineront pas un seul vice ; si nous sommes convaincus que la Réligion seule peut former de bons citoyens parce quelle prépare les âmes, par la pratique des vertus privées, à l'exercice des vertus publiques, et que la chasser de l'École c'est commettre un crime de lèse-Patrie, nous n'hésitons pas à nous élever énergiquement contre ceux qui se déclarent les adversaires de la Révolution de 1789 et font intervenir la Religion pour entraver la marche progressive des idées et des choses. Et nous apporterons contre ces imprudents conservateurs l'opinion d'un illustre écrivain que certainement ils ne récuseront pas.

Les ennemis de la France ont voulu la détruire par la Révolution et la France deviendra plus puissante par la Révolution, si la Révolution établit l'*unité* dans sa constitution, l'*uniformité* dans son administration, l'*union* dans toutes ses parties. Triple unité, ciment le plus indestructible des sociétés, moyen le plus puissant de leurs développements et de leurs progrès. Une société fondée sur cette triple base n'est plus la chose du public (non res privata, sed publica), et alors, comme dit Rousseau, la *monarchie elle-même* est *République*.

De Bonald.

La Révolution a traversé des épreuves terribles, elle a été dénaturée dès son origine par des tendances exagérées et bien souvent détournée de sa route normale par les secrètes inspirations de sectes dont l'influence n'est pas encore assez connue du grand public; mais pour l'observateur impartial il est hors de doute quelle a traversé ses phases violentes, et qu'en s'appuyant sur le Suffrage universel loyalement pratiqué elle peut désormais résoudre sans secousse les problèmes aigus qui restent à éclaircir.

Des esprits arriérés font encore le procès du Suffrage universel. On ne lui pardonne pas, dans un certain monde, d'avoir déplacé le centre de l'influence politique et détruit la prédominance de la classe qui s'était élevée sur les ruines de l'aristocratie sans valoir celle-ci.

Guizot le doctrinaire a dit, avec son égoïsme habituel : « Les droits politiques ne s'attribuent à « l'individu que sous la réserve de la *capacité*, et « il peut, sans que la raison ni la justice en soient « offensées, faire partie d'une société où il ne les « possède point. »

On n'oserait plus aujourd'hui répéter de pareils sophismes. Un paysan, même illettré, qui mène dans la rude existence campagnarde le plus acharné des combats contre toutes les privations et toutes les intempéries, qui élève sa famille et produit le pain, est tout aussi, sinon plus *capable* de choisir son candidat que grand nombre de bacheliers et de docteurs.

Du reste, il n'y a plus que les attardés qui discutent encore le Suffrage universel, véritable et unique garantie pacifique de la Souveraineté nationale et de l'Ordre public.

Le Droit de Vote, désormais hors de toute atteinte, a trois manifestations principales :

1° La nomination du chef de l'État, celle des députés et des membres des divers conseils départementaux et communaux;

2° Les Plébiscites;

3° Les referendum, ou droit attribué aux conseils locaux de consulter les contribuables sur des faits spéciaux définis par la Loi.

Le Droit de Vote n'a donc pas encore reçu tout son développement normal et n'a pu produire tous ses effets d'apaisement.

L'arbitrage entre les intérêts divers qu'il est appelé à exercer est encore discuté.

Les regrets des uns, les arrière-pensées des autres, l'étroit égoïsme d'une foule de gens qui résistent par habitude à toutes les mesures utiles dès qu'elles entraînent pour eux un sacrifice quelconque retarderont longtemps encore le complet épanouissement du Suffrage universel, et entraveront ses opérations; mais qu'on en soit assuré, cette idée juste, cette idée qui se confond avec celle de la responsabilité et de la dignité humaine, parcourra son cycle tout entier et par elle, par elle seule, les agitations sociales seront résolues, les révolutions évitées.

La France est redevable du Droit de Vote à la Nation tout entière et non pas aux Républicains

Le Droit de Vote! c'est la Nation tout entière qui l'a édicté.

Réunie dans ses États généraux, et alors que le parti Républicain n'était pas même ce que les biologues appellent un accident! alors qu'il n'était pas même *soupçonnable*, car l'ancienne monarchie ne surveillait pas cette secte mystérieuse, dont Drummont nous a révélé dans ses livres l'abominable perversité, la Nation l'a proclamé à la face de l'Europe monarchique et féodale.

Cette proclamation du Droit de Vote, c'était la foudre éclatant tout à coup, c'était la révolution universelle; les intéressés ne s'y trompèrent pas, ils prirent les armes.

Alors on vit cette fière nation, préoccupée d'abord de sa seule rénovation, entraînée dans un apostolat qu'elle n'avait pas prévu, faire face sur toutes ses frontières, puis les déborder, puis couvrir l'Europe entière et universaliser par les armes l'évangile nouveau de la liberté, ou mieux détruire et renverser tous ces restes du Paganisme et de la

Barbarie qui étouffaient le Christianisme et l'arrêtaient dans ses fécondes transformations des Sociétés.

Qu'on ne cesse donc de le répéter au peuple de France : — Le Droit de Vote n'est pas un octroi de la géniale inspiration des Révolutionnaires ! C'est la Nation tout entière, y compris ces nobles, — dont les bourgeois ont si injustement fait tomber les têtes pour pouvoir acheter leurs terres moyennant des chiffons de papier sans valeur, — qui l'a conquis, et c'est le sang des enfants du peuple répandu à flots sur tous les champs de bataille de la République et de l'Empire qui l'a empêché de disparaître du monde.

Il y a plus, pendant que, selon l'expression d'un écrivain du temps, — « Les magnifiques victoires des armées françaises s'élevaient comme un voile qui cachait à l'Europe les excès ignobles, inoubliables et de plus inutiles auxquels se livraient les soi-disant patriotes restés en France », la secte confisquait à son profit le Droit de Vote, afin de pouvoir accomplir en toute sûreté son œuvre criminelle de dépossession, d'enrichissement, de pillages, d'incendies et de meurtres sans nom.

C'est ce que nous allons démontrer, l'histoire à la main.

Le Droit de Vote, sous la première République.

L'élection, en principe, devait être appliquée à toutes les fonctions publiques, mais voyons de près ce que devint ce régime électif, dont l'exagération était évidente pour tous.

Dès les premiers jours de la Révolution, tous les gens paisibles s'écartent avec effroi des urnes électorales.

Des menées sourdes, des impulsions mystérieuses qui, d'un bout à l'autre de la France, surexcitent les hommes de violence et leur assurent l'impunité, empêchent les citoyens sages de voter. Tandis que les élections pour les États généraux s'étaient faites avec un calme parfait et qu'un panégyriste enthousiaste de la Révolution, Ch. Chaussin, a pu écrire sans être contredit : « Il n'y eut jamais d'élections plus libres que celles de 1789, » la terreur éloigne tout ce qui est honnête des salles de vote. Sous le coup de menaces, trop souvent suivies d'exécution, par crainte des délations incessantes, la grande masse des électeurs n'ose user de ce droit de vote tant désiré et, qui, s'il eût été plus énergiquement pratiqué, aurait empêché les monstrueux excès qui ont déshonoré la France à cette époque.

Voici des faits.

En novembre 1791, Pétion, surnommé le Père

l'Émeute, Pétion est nommé maire de Paris par

6 600 voix sur 80 000 électeurs.

Dix mille trois cents citoyens avaient seuls osé aborder les urnes.

Au commencement de 1792, Danton arrive au poste de substitut du procureur de la commune avec

1 162 voix sur 80 000 électeurs.

En juin 1793, Henriot, digne précurseur des colonels fédérés de 1871, et qu'on avait surnommé (*N'désoule pas*), se fait nommer commandant de la garde nationale par

9 084 voix sur 150 000 inscrits.

(Mortimer-Ternaux.)

C'en est fait, la France est terrorisée, et ce n'est plus qu'au risque de sa vie qu'un électeur ose déposer son bulletin dans l'urne. Que ce citoyen soit suspect, non pas de royalisme mais seulement de modérantisme, et il court mille risques d'être jeté en prison et de porter sa tête sur l'échafaud. Il suffit pour cela d'un cri, d'un geste, d'un homme ivre qui l'interpelle.

On ne vote plus.

La Convention n'est pas embarrassée pour si peu, et en mars 1793, elle décide que pour la constitution des comités de surveillance, une élection sera valable quand :

« Sur 1 000 électeurs, on réunira 100 votants. »

On connaît la résolution inepte des membres de la Constituante, qui s'interdirent de siéger dans la Législative et privèrent ainsi la Représentation Nationale des lumières d'hommes expérimentés et pour la plupart d'une intelligence supérieure.

Les Conventionnels se gardèrent bien d'imiter cette générosité stupide, mais profondément honnête.

Le jour même où était promulguée la Constitution de l'an III (22 août 1795), un décret décidait

« Que les deux tiers des sièges »,

dans les deux conseils des Anciens et des Cinq-Cents, seraient réservés aux membres de la Convention. C'était cinq cents (500) sièges qu'ils s'attribuaient sur sept cent cinquante (750).

Telle était la manière de respecter le Droit de Vote de ces sinistres tyrans, dont la face patibulaire et les yeux injectés de sang étaient odieux à voir.

Le rôle des électeurs devait se réduire à éliminer un nom sur trois.

Eh bien ! ce décret leur parut encore insuffisant, et le corps électoral n'ayant, malgré tout, renommé que

« 379 conventionnels »,

ceux-ci se réunirent les 4 et 5 brumaire an IV, à dix-sept députés des colonies, et nommèrent eux-mêmes 104 de leurs collègues et les déclarèrent *Élus*.

C'est ainsi que l'on respectait la volonté de la France au temps de la République. Il n'y eut jamais dans l'histoire du monde une pareille parodie de la liberté.

Mais poursuivons.

Malgré les prisons, l'échafaud, les réquisitions, les violences de toute nature, et peut-être à cause de cela, la majorité des conseils (dont l'ensemble formait alors le Corps Législatif) était devenue réactionnaire.

Ces Républicains, si chatouilleux sur les prérogatives des représentants de la Nation et dont la plupart, sous le titre de délégués de la Convention, avaient exercé un pouvoir souverain et le plus souvent inique dans leurs départements, ces Républicains n'hésitèrent pas à faire arrêter, de nuit, onze membres des Anciens et quarante-deux membres des Cinq-Cents, puis ils les déportèrent sans jugement. (4 septembre 1797.)

C'est ce qu'on appelle fructidoriser la Représentation Nationale, ou déplacer les majorités gênantes.

Les élections de quarante-neuf départements,

dont les élus ne plaisaient point, furent déclarées
« *illégitimes* et *nulles* ».

Le Droit de Vote était de plus en plus respecté
par les Républicains, comme l'on voit.

Le 22 floréal an VI (11 mai 1798), les élections
de six départements sont annulées ; dans quatorze,
les élus des minorités sont proclamés aux *lieu* et
place des *élus* des majorités ; dans dix-sept, on
se borne à invalider les élus dont les opinions
n'étaient pas républicaines.

Et pourtant les éligibles ne comprenaient pas
un grand nombre d'individus, et quand même
l'émigration, la terreur et la nécessité de pourvoir
à leur sécurité personnelle n'auraient pas suffi
pour éloigner de la candidature les personnages
marquants de l'ancien régime, des lois, toujours
respectueuses du Droit de Vote à la façon républicaine, avaient eu soin de les éliminer par avance.

Aux termes de ces lois, que mit en vigueur la
Convention et qu'aggrava encore le Directoire,

Les pères, fils, petits-fils, frères et beaux-frères,
les alliés au même degré, ainsi que les oncles et
neveux des individus compris dans la liste d'émigrés, sont exclus de toutes fonctions législatives,
administratives, municipales, judiciaires et de juré.

Cela ne suffit pas. Les vainqueurs de fructidor
ajoutent qu'aucun des individus compris dans ces
catégories élastiques

ne pourra être nommé électeur !

bien plus,

« ne sera admis à voter dans les assemblées
primaires !

Les ci-devant nobles et anoblis étaient assimulés aux étrangers.

Enfin, le 12 juillet 1799, les bons Républicains édictèrent la loi des Otages, code barbare le plus sauvage qui ait souillé une législation.

Voici ce qu'on ne dit pas dans les histoires dithyrambiques écrites sur la Révolution.

On a cherché à justifier l'exaltation de ces « hommes géants » de la Révolution et à excuser leurs sanglants exploits par l'acuïté du patriotisme.

Le Patriotisme s'était enfui aux armées. Tout ce qui avait du cœur se battait, les autres assassinaient ; et ils assassinaient ou faisaient assassiner parce qu'ils avaient peur *« qu'on ne leur arrachât ces grands biens qu'ils venaient de voler à la fois à l'État, aux Émigrés, aux Communautés et aux Hospices.*

Il y a 15 jours à peine, nous assistions à la messe dans une grange infecte, où s'entassaient les paysans, leurs femmes et leurs enfants. A cent mètres de là s'élevait une superbe église romane,

bondée de foin et de gerbes, et vendue à quelque robin de troisième classe sous la Révolution pour une liasse d'assignats ne valant pas cent francs.

Quand on pense que le paysan s'est fait tuer pour obtenir de pareils résultats, le cœur se serre.

Ainsi, ce Droit de Vote, si précieux, ce droit qui eût pu imprimer à la Révolution une marche plus modérée et tout aussi féconde, les Républicains l'ont constamment foulé aux pieds, bien loin d'en avoir été les initiateurs.

Voilà ce qu'il ne faut cesser de dire à cette France généreuse qui n'abdiqua jamais devant la force, devant l'argent, ni devant le fanatisme, et qui supporte si impatiemment le joug des opportunistes.

Le Droit de Vote sous le premier Empire.

L'Empereur Napoléon s'était donné la mission de « consolider, garantir et consacrer inviolablement la Souveraineté du peuple français, la liberté, l'égalité, la sûreté et la propriété. (Loi du 19 brumaire an VIII.) Il a rempli son programme.

Il supprima, il est vrai, les élections pour les conseils généraux, les conseils d'arrondissement et les conseils municipaux, mais personne ne songea à s'en plaindre à cette époque.

L'élection appliquée aux conseils locaux n'aurait pu, à cette époque, qu'aviver les colères et les haines encore mal assoupies ; la période du Directoire était là pour en témoigner.

Au lieu de trouver un concours dans les conseils élus, l'Administration n'y eût rencontré que des entraves. Dans toute commune, la Révolution avait laissé des traces de sang ; la population se partageait en proscripteurs et proscrits.

Le problème était alors de faire vivre les uns à côté des autres des ennemis mortels, et il fallait avant tout éviter de réveiller ces terribles souvenirs dans l'ardeur des luttes locales.

Cela n'a pas empêché l'Empire de créer l'administration communale, qui fut toujours l'une des incessantes préoccupations du grand Empereur.

Mais il constitua la Souveraineté de la Nation par le droit plébiscitaire, qu'on appellera dans les âges futurs le Droit Napoléonien.

Mirabeau l'avait déjà exposé en ces termes :

Le Prince est le représentant permanent du peuple, comme les députés sont ses représentants élus à certaines époques. L'un représente les intérêts permanents de la Nation ; les autres ses intérêts passagers. L'art du gouvernement est de mettre d'accord ces deux sortes d'intérêts divers, et malheureusement quelquefois opposés, sans jamais sacrifier les premiers aux seconds. Entre une opposition quelconque et le pouvoir, « ce moteur bienfaisant de l'organisme social, » appelez le peuple à décider, et si le pouvoir est vraiment digne de ce nom son verdict ne sera pas douteux.

Nous reviendrons un jour sur cette période impériale et nous démontrerons combien elle a été féconde au point de vue du Droit Public.

Le Droit de Vote sous la Restauration.

La Restauration, malgré les patriotiques efforts d'amis éclairés, fut une réaction contre la Révolution, elle supprima presque entièrement le Droit de Vote.

En 1817, le nombre des électeurs ne dépassait pas 140.000.

Cette insuffisante satisfaction fut, au milieu de tant d'autres, une des causes qui précipitèrent la chute de ce gouvernement.

Le Droit de Vote sous la Monarchie de Juillet.

La Monarchie de Juillet ne fut pas plus favorable au Droit de Vote que la Restauration, malgré son origine révolutionnaire. Elle constitua ce qu'on a osé appeler le Pays légal, et en mourut.

Le Droit de Vote sous la 2e République.

La République fille de l'émeute de 48 débuta par une promesse qu'elle se garda bien de remplir.

Voici la déclaration du gouvernement provisoire :

« Citoyens, le gouvernement provisoire déclare
« que le gouvernement actuel de la France est un
« gouvernement républicain, et *que la Nation*
« *sera appelée immédiatement à ratifier par son*
« *vote la résolution du gouvernement et du peuple*
« *de Paris.* »

Cette résolution, en établissant péremptoirement la République, constituait un coup d'État, mais la promesse de la soumettre à la sanction du peuple était conforme à la Déclaration des Droits de l'homme, ainsi conçue :

ART. 3. — Le principe de toute souveraineté réside essentiellement dans la Nation; nul corps, nul individu ne peut exercer d'autorité qui n'en émane expressément.

Les Républicains, toujours prêts à méconnaître la volonté nationale, se gardèrent bien de soumettre leur principe à la sanction du Peuple, mais le Peuple, lui, se souvint de ce manque de parole, et il élut trois Bonapartes. L'élection du Prince Louis qui, dans une lettre hautaine adressée au président de l'Assemblée, avait dit : « Si le Peuple m'imposait des devoirs, je saurais les remplir..... Mon nom est un symbole d'ordre, de nationalité, de gloire, etc., etc., » fut vivement discutée; les plus ardents Républicains demandèrent son annulation, mais ils n'étaient pas en nombre et l'élection de député de celui qui devait devenir Napoléon III fut validée.

L'élection de Louis Napoléon effraya vivement les Républicains et dès lors ils se préoccupèrent sérieusement d'empêcher sa candidature à la Présidence de la République.

Ils n'osèrent cependant commettre cet attentat contre le Suffrage universel, car déjà le sol tremblait sous leurs pieds, la terrible explosion socialiste de juin 48 les avait épouvantés et plus d'un parmi eux se disait en secret que l'Empire serait un port de refuge contre les revendications armées de la démagogie.

Le 10 décembre, la France, appelée à nommer le Président de la République, plébiscita Louis Napoléon, et lui donna :

5.434.226 de suffrages.

C'était la mort de la République, et nul ne se

trompa alors sur la portée de ce scrutin. Qu'on ouvre les ouvrages de l'époque écrits sur la deuxième République, et l'on trouvera au sujet de ce vote les exclamations les plus injurieuses pour le Suffrage universel. Les mots de folie inexcusable, trahison, captation, etc., etc., ne sont rien en comparaison des termes dont on se sert pour maudire l'abominable stupidité des Ruraux.

Les Républicains, auxquels la nation signifiait par ce vote sa ferme volonté de se débarrasser d'eux à brève échéance, étaient loin de se soumettre au verdict populaire. — Le Droit de Vote, il est splendide, merveilleux, quand il les favorise, mais quand il se permet de les combattre ils l'injurient et se montrent décidés à s'insurger contre lui.

A partir de ce vote, sentant leurs jours menacés et voyant la Nation s'éloigner d'eux, ils n'eurent plus qu'une pensée : mutiler le Suffrage universel.

Le 31 mai 1850, l'Assemblée vota par 435 voix contre 241 une loi électorale qui privait du droit de vote près de 2 millions de citoyens.

Cette loi atteignait surtout les artisans et les manouvriers de la campagne, ce que M. Thiers, à peine échappé du pays légal, appelait « la vile multitude » Le duel sans trêve entre le Président de la République et les politiciens se continua encore un an et prit fin par le coup d'État de 1851, que la

Nation française a ratifié par trois plébiscites successifs, en 1851, en 1852 et en 1870.

Le Droit de Vote sous le second Empire.

La longue période de gloire et de prospérité qui, de 1851 à 1870, permit à la France de panser ses blessures, de se relever, de se placer à la tête de l'Europe, prouva combien les Napoléons étaient respectueux de la Volonté Nationale.

Mais l'Europe féodale veillait et elle avait dans les états-majors des partis des alliés fidèles.

On voit alors la monstrueuse coalition qui réunit contre le gouvernement plébiscité les Légitimistes, les Orléanistes et les Républicains.

Ce n'était plus le temps où, pour une simple visite faite à M. le comte de Chambord par des députés légitimistes, Guizot criait au scandale et s'écriait :

« On n'a pas besoin d'occuper telle ou telle si-
« tuation particulière, on n'a pas besoin d'avoir
« prêté tel ou tel serment pour devoir obéissance
« aux lois et au gouvernement de son pays. Cette
« obéissance, c'est la première loi de la société,
« et quand on voit ce devoir aussi arrogamment,
« aussi frivolement méconnu, il y a sous toutes
« les formes de gouvernement un scandale im-
« mense, un profond désordre social. » (Décembre 1843.)

L'homme qui parlait ainsi avait fait le voyage de Gand, il fit celui de Claremont et fut l'âme de l'Union libérale, nom que prit la coalition des trois partis précités formée pour renverser l'Empire et qui le renversa en effet, mais en précipitant la France dans les plus effroyables malheurs.

Éternelle duplicité des parlementaires et des politiciens ! Malgré tout, l'Empire avait fait pénétrer dans la vie politique le plébiscite, et désormais nul gouvernement ne pourra se targuer d'être le gouvernement légal tant qu'il n'aura pas reçu la sanction plébiscitaire.

La troisième République attend encore cette consécration.

Le Droit de Vote sous la 3ᵉ République.

Lorsque les hommes de Septembre se furent emparés du pouvoir, grâce aux défaites de nos armées, ils essayèrent en premier lieu de se jeter aux pieds des Prussiens. — Étaient-ils sincères dans leurs illusions? jouaient-ils devant l'Europe consternée une sinistre comédie? Personne ne le saura jamais. Mais rien ne démontre mieux l'inanité des conceptions politiques de ces basochiens émeutiers que leur attitude devant nos vainqueurs et les illusions stupides qu'ils s'étaient forgées au sujet du roi Guillaume et du chancelier Bismarck.

Ils s'imaginaient le Roi de Prusse comme pou-

vant être sensible aux prosopopées de leur rhéto-
rique et pouvant se laisser charmer par les
roucoulades sur la fraternité des peuples qu'on
leur avait serinées dans leur adolescence.

Ils ignoraient l'histoire, ils n'avaient point lu
cette terrible lutte de 1814 et de 1815, où les
Prussiens se montrèrent féroces plus encore dans
les conciliabules diplomatiques que dans les combats, ils ignoraient les tendances du Chancelier de
Fer qui, dès 1862, annonçait que l'équilibre euro-
péen serait refondu par le feu, le fer et le sang, et
ils allèrent s'exposer à la risée de ces hommes en
leur disant : Napoléon III est renversé, cela nous
fait plaisir plus encore qu'à vous, car nous avons
fait illuminer les édifices publics pour fêter Se-
dan. — Embrassons-nous !

Ils auraient pu ajouter : nous vous avons aidés de
tout notre pouvoir, nous avons traité de chimé-
riques les chiffres de vos armées, nous avons refusé
des hommes, et quand Niel nous a demandé 100
millions pour la transformation de l'artillerie,
nous lui avons fait octroyer le dérisoire crédit de
300.000 francs.

L'épouvantable réalité n'apparut à leurs yeux
que fort tard, et encore fallut-il qu'un aide-de-
camp de Napoléon III, prisonnier (que nous ne
pouvons pas nommer aujourd'hui), allât placer sous
leurs yeux des documents de la plus haute impor-

lance et qui ne laissaient plus le moindre espoir
de négociations pacifiques, pour les éclairer com-
plètement.

Alors ils se lancèrent dans cette lutte qui n'a
pas été sans grandeur, mais qui, une fois com-
mencée, n'aurait dû s'arrêter qu'au dernier sou et
au dernier homme pour avoir une signification
pratique devant l'Europe.

Ils se gardèrent bien alors de réunir une Assemblée Nationale, et ce ne fut que sur l'injonction de
Bismarck, après les préliminaires de paix, qu'ils
se résolurent à faire les élections.

Plus préoccupés de garder le pouvoir que du
sort de la France, ils essayèrent de mutiler le
Suffrage universel, et, le 30 janvier, Gambetta
rendit un décret aux termes duquel étaient frap-
pés d'exclusion tous les anciens candidats offi-
ciels et tous les préfets de l'Empire ; — il autori-
sait au contraire les préfets (et l'on sait quels
préfets!) de la République à se porter candidats
dans les départements qu'ils administraient ; —
enfin étaient inéligibles tous les membres des
familles ayant régné sur la France.

On a dit jadis des émigrés qu'ils n'avaient rien
appris, rien oublié. Combien cet aphorisme s'ap-
pliquerait avec plus de justesse aux Jacobins! —
C'est toujours le même esprit violent et étroit qui
sacrifie tout à ses rancunes, à ses appétits et à

ses élucubrations mal équilibrées; — en un mot, c'est toujours la tyrannie.

Quand un parti a de pareils actes à se reprocher, il est mal venu à parler des « Justes Lois », du respect du Suffrage universel, de la Souveraineté du peuple, etc.

Bismarck fit rapporter ce décret odieux et les électeurs français durent à l'intervention de leur plus cruel ennemi, à l'intervention d'un ministre Prussien, de pouvoir choisir à leur gré les représentants qui devaient décider de leur sort dans des circonstances sans pareilles, dans un dilemne de vie ou de mort.

C'est ce qu'on appelle, dans le parti républicain, respecter la volonté de la Nation.

Cette grande assemblée n'avait été élue que pour faire la paix ou la guerre ; mais les partis, toujours irrespectueux de la Volonté Nationale, lui attribuèrent le Droit Constituant.

Ces coalisés de la veille, qui depuis 18 ans se disputent le pouvoir qu'ils ont arraché des mains de l'Empire, n'ont pu s'entendre et, après bien des combats, les Républicains vainqueurs se sont déclarés primordiaux, « *investis d'un droit supérieur* « *à tous les droits, un droit entier, imprescriptible,* « *inviolable, sans limite, sans contrôle, d'un droit* « *qui ne peut pas se perdre lui-même, quelque in-* « *sensé et quelque coupable qu'il soit, de qui le Peu-*

« ple, *quoi qu'il fasse, doit tout supporter.* (Guizot, 1814, à propos de la légitimité.)

Les primordiaux du Droit de la rue en arrivent à la théorie de la Légitimité! C'est grotesque.

Mais les coryphées de ce droit nouveau ne sont pas naïfs comme l'étaient les Légitimistes, et ils savent user des moyens despotiques que leur ont appris leurs pères, les Conventionnels et les Fructidoriens.

Les élections de 1885 n'ayant pas été de leur goût, ils ont (toujours en respectant le Suffrage universel) invalidé 80 députés de la Droite.

Enfin, un mouvement irrésistible s'étant produit contre eux et le général Boulanger ayant fait mine de prendre la direction de ce mouvement, ils ont supprimé le Général et voté la loi qui supprime les élections multiples. C'est le plus récent de leurs attentats contre le Suffrage universel, mais ce ne sera pas le dernier.

CONCLUSION

Ainsi, par des faits indiscutables, nous venons de prouver :

1° Que les Républicains de métier ne sont pas les créateurs du SUFFRAGE UNIVERSEL, ainsi qu'ils le prétendent faussement;

2° Que c'est la Nation elle-même qui a proclamé le Suffrage Universel;

3° Que les Républicains ont mutilé, confisqué, foulé aux pieds le Suffrage Universel, chaque fois qu'il a voulu se montrer indépendant;

4° Que la grande idée de la Souveraineté Nationale n'a jamais été envisagée par eux que comme un vulgaire moyen de révolution et d'émeute, et qu'ils n'en ont pas compris, faute d'impartialité, la haute portée, la mission civilisatrice et surtout, en ce qui concerne la France, l'influence pacificatrice;

5° Qu'ils ont constamment sacrifié le Suffrage Universel aux intérêts obscurs, aux passions politiques et religieuses, aux rancunes inguérissables de la secte maçonnique qui a divisé la France en vainqueurs et vaincus.

Cette secte aux mystérieuses allures, au cosmopolitisme dangereux, rompt chaque jour les garanties du contrat social, en créant des fortunes louches, des carrières injustifiées, des avancements inexplicables bouleversant toutes les notions de justice et fomentant la division des esprits par des conflits de conscience et d'opinion.

Le Suffrage universel est encore dans l'enfance: il a besoin d'être réglé, codifié et surtout moralisé. Le vote est le premier et le plus important des devoirs du citoyen. Par les mutilations des

listes d'électeurs et d'éligibles, les confiscations
de vote, la substitution des élus des minorités à
ceux des majorités, les invalidations en masse, les
Républicains de métier l'ont grandement décon-
sidéré. Ils en ont fait la risée de l'Europe monarchique et des sceptiques.

Ils en ont désenchanté le monde, comme jadis,
par l'échafaud, ils ont désanchanté le monde de
la liberté. (Montalembert.)

Chaque jour des bonnes volontés se déclarent,
les partis se désagrègent, et la France profondément patriote cherche à se fondre en un parti
national, eux seuls s'interposent entre ces frères
ennemis qui voudraient se réconcilier. Du suffrage
universel, médiateur des consciences, pacifica-
teur universel, juge suprême des grands débats
nationaux, ils ont fait un instrument de haine et
de dissolution.

Or, la France ne peut être sauvée que par une
réconciliation générale, par un parti National.

Ce fut un parti National qui accourut sous la
bannière de la Pucelle et la sauva malgré la trahison des seigneurs qui servaient indifféremment
l'Angleterre ou la France, malgré les courtisans,
malgré les grands dignitaires du clergé, tels que
Cauchon et tant d'autres, malgré, enfin, la lâche
indolence d'un roi frivole et ingrat.

Ce fut un parti National qui se leva comme

arbitre entre la Ligue et les Protestants, couvrit les guerres de religion de ridicule par la satire Menippée et renvoya les deux partis qui déchiraient la France, dos à dos.

Ce fut un parti National qui, dédaignant les luttes intestines avivées par des municipalités haineuses, courut à la Frontière en 1792, et sauva la France envahie.

Ce fut un parti National qui, en brumaire 1799, acclama le premier des Napoléons, et ce fut le parti National qui fut vaincu dans les champs de Waterloo.

Donc, pour la vérité du SUFFRAGE UNIVERSEL, pour la réconciliation nationale, et pour le salut de la PATRIE,

ÉLECTEURS,

Votez pour les Candidats Revisionnistes.

6911. — Poitiers. Imprimerie BLAIS, ROY et Cie, rue Victor-Hugo.

233